Heidrun Müller
KIM IST MEINE FREUNDIN

Illustriert von Robert Albrecht
Herausgegeben von SOS Rassismus-Zivilcourage e.V.

Mit einem Vorwort von Heiko Kauffmann

Brandes & Apsel

Die Deutsche Bibliothek - CIP-Einheitsaufnahme

Kim ist meine Freundin / hrsg. von SOS Rassismus - Zivilcourage e.V. Heidrun Müller.
Ill. von Robert Albrecht. Mit einem Vorw. von Heiko Kauffmann.
- 1. Aufl. - Frankfurt a. M.: Brandes und Apsel, 1999
ISBN 3-86099-180-9

Vom Kirchlichen Entwicklungsdienst der Evangelischen Kirche in Deutschland
durch den ABP gefördert

1. Auflage 1999
© Brandes & Apsel Verlag GmbH, Frankfurt a. M., Germany
Alle Rechte vorbehalten.
Gestaltung: Keimkraft Design, Frankfurt a. M.
Druck und Verarbeitung: Tiskarna Optima, Ljubljana, Printed in Slovenia
Gedruckt auf säurefreiem, alterungsbeständigem und chlorfrei gebleichtem Papier.
ISBN 3-86099-180-9

Auf Wunsch informieren wir regelmäßig über das Verlagsprogramm:
Brandes & Apsel Verlag, Scheidswaldstr. 33, D-60385 Frankfurt a. M.
e-mail: brandes-apsel@t-online.de

Heiko Kauffmann
»Lass dir niemals deine Träume nehmen«
Vorwort

Beginnen möchte ich mit einem Gedicht von Alev Tekinay. Es beschreibt sehr gut, worum es in diesem Buch geht:

Dazwischen

Jeden Tag packe ich den Koffer
ein und dann wieder aus.

Morgens, wenn ich aufwache,
plane ich die Rückkehr,
aber bis Mittag gewöhne ich mich mehr
an Deutschland.

Ich ändere mich
und bleibe doch gleich
und weiß nicht mehr,
wer ich bin.

Jeden Tag ist das Heimweh
unwiderstehlicher,
aber die neue Heimat hält mich fest,
Tag für Tag noch stärker.

Und jeden Tag fahre ich
zweitausend Kilometer
in einem imaginären Zug
hin und her,
unentschlossen zwischen
dem Kleiderschrank
und dem Koffer,
und dazwischen ist meine Welt.

Alev Tekinay, aus: Die Deutschprüfung
Brandes & Apsel Verlag: Frankfurt a. M 1990

»Dazwischen« steht auch der kleine Jules. Seine Geschichte erzählt dieses Buch. Es ist eine Geschichte von Verfolgung und Flucht. Aber auch die Geschichte der Ankunft in einem anderen Land.
So wie Jules mit seiner Mutter, verlassen viele Kinder mit ihren Familien die Heimat. Sie fürchten dort um ihr Leben. Oft müssen Kinder die Verhaftung ihrer Eltern, naher Verwandter oder enger Freunde mit ansehen. Häufig sind es Kriege, die Menschen aus ihrer Heimat vertreiben.
Auch in dem neuen Land können sie Bedrohung und Leid nicht vergessen. Sie sehnen sich nach dem Vertrauten, das sie verloren haben. Nicht anders ergeht es Jules. Es dauert noch lange, bis er sich im Ankunftsland ein wenig zu Hause fühlt.

Erst als er Zutrauen zu Kim, einem gleichaltrigen Mädchen, gewinnt, kann er wieder über seine Träume sprechen. Jetzt erst ist er auch »innerlich« - mit Herz und Seele - angekommen.
Kinder wie Jules erscheinen oft »anders« oder »fremd«. Manche sind schweigsam und leben zurückgezogen. Andere sind vielleicht voller Unruhe. Für die Menschen im Ankunftsland ist es oft schwer zu begreifen, warum das so ist. Um die Flüchtlinge verstehen zu können, muss man lernen, offen zu sein für ihre Geschichte.
Lass all das an dich heran und versuch es kennen zu lernen: das Grosse und das Kleine, das Fremde wie das Vertraute. Schau nach Drinnen und Draußen, über Grenzen und Mauern hinweg und mach dir dein eigenes Bild von dieser Welt!
Bei allem aber, was du lernst oder schon gelernt hast, vergiss nie zu fragen, zu staunen, dich auf Neues einzulassen. Vertraue dir selbst und vertraue anderen.
Lass dir niemals deine Träume nehmen!

Jules lebte in einer großen Stadt.
Er wohnte gemeinsam mit Vater, Mutter, seinem großen Bruder und den Eltern seines Vaters in einem Haus.
Das Haus hatte ein großes und zwei kleine Zimmer, eine kleine Küche und eine Toilette, in der auch die Dusche war.
Vor dem Haus gab es einen kleinen Hof.
Im Sommer schliefen sie alle zusammen auf dem Dach.
Wenn es kälter wurde, rollte die Mutter die Betten abends im hinteren Zimmer aus.
Der Vater arbeitete als Lehrer und die Mutter verdiente Geld mit Nähereien.

Früher kamen am Abend Freunde vom Vater ins Haus und da wurde viel diskutiert und vorgelesen.

Sein Bruder durfte immer dabei sein. Aber Jules nicht.

Eines Nachts holten Soldaten seinen Vater und Großvater ab.
Jules hat sie seither nicht mehr gesehen.

Die Erwachsenen im Haus gaben auf seine Fragen
keine Antwort und er hörte nur: "Sei still, Jules!"

Seine Mutter saß jetzt oft die ganze Nacht an der Nähmaschine
und wenn er zu ihr ging, sah er, dass sie geweint hatte.
Als Jules eines Morgens aufstand, war sein Bruder nicht mehr da.
Aber seine Sachen waren noch alle in der Kommode.

Auf seine Fragen hörte er nur: "Sei still, er ist verreist."
Jules wollte nicht still sein, aber er traute sich auch nicht mehr zu fragen.

Abends hatte er jetzt immer Angst einzuschlafen.
Angst davor, dass er am nächsten Morgen
aufwachen würde und wieder wäre jemand
von seiner Familie nicht mehr da.
Oft träumte er davon, dass er durch
die leeren Räume seines Hauses irrte
und alle rief und niemand ihm antwortete.
Einmal war der Traum
besonders schrecklich:
Da rannte er auf die Straße und alles war auch dort leer.
Kein lebendes Wesen, kein Mensch,
kein Tier, nichts. Trotzdem hatte er das Gefühl,
dass er nicht allein war,
etwas Bedrohliches war in der Nähe
und gleich, gleich ...
Jules wachte schreiend auf und seine
Großmutter nahm ihn zu sich ins Bett
und tröstete ihn.

Immer wenn es jetzt an die Tür klopfte, gingen Jules
und Großmutter in den hinteren Raum und die Mutter
öffnete die Tür. Aber so oft wurde jetzt nicht mehr
bei ihnen an die Tür geklopft. Jules durfte auch nicht mehr
auf der Straße spielen und seine Freunde kamen
nur noch selten zu ihm.
Nur Joseph und Ayda kamen ab und zu vorbei.

Aber ihre gemeinsamen Spiele hatten sich verändert.
Früher spielten sie oft in einer großen Gruppe auf der Straße:
Fangen, Fußball, Kreisel oder Ähnliches.
Wenn es sehr heiß war, legten sie sich auf dem Platz neben
dem Brunnen auf die Wiese und erzählten sich,
was sie später einmal alles machen würden. Sie sprachen
über ihre Träume und Wünsche: ein großes Auto
für alle Freunde, eine weite Reise machen, Abenteuer erleben,
Spielzeug, Fahrräder und tolle Kleider besitzen.
Jules' Lieblingstraum war es, sich selbst als großen und
berühmten Architekten zu sehen. Er würde Häuser bauen
für Familien mit vielen Kindern.
Jedes Kind hätte ein eigenes Zimmer. Es gäbe vor den Häusern
große Gärten und, und ...

Jetzt erzählte niemand mehr von seinen Träumen.
Jetzt saß er nur mit Joseph und Ayda oben auf dem
Dach und sie schwiegen. Meistens gingen die beiden
bald wieder und sie kamen immer seltener.

Es war jetzt fast immer still im Haus und diese Stille sickerte langsam auch in Jules hinein.
Wenn er seine Mutter weinen sah, setzte er sich oft vor die Zimmertür
auf den Boden und immer öfter fragte er sich, ob nicht doch alles seine Schuld war,
ob er vielleicht irgend etwas falsch gemacht hatte.

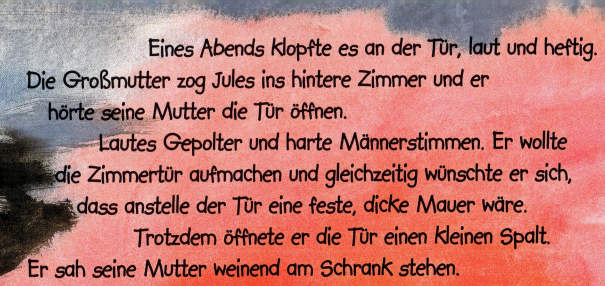

Eines Abends klopfte es an der Tür, laut und heftig.
Die Großmutter zog Jules ins hintere Zimmer und er
hörte seine Mutter die Tür öffnen.
Lautes Gepolter und harte Männerstimmen. Er wollte
die Zimmertür aufmachen und gleichzeitig wünschte er sich,
dass anstelle der Tür eine feste, dicke Mauer wäre.
Trotzdem öffnete er die Tür einen kleinen Spalt.
Er sah seine Mutter weinend am Schrank stehen.
Männer in Uniform durchsuchten das Zimmer.
Sie warfen alles um. Sie brüllten.
Jules huschte zur Großmutter und versteckte sich unter den Decken.
Er schloss die Augen und dachte nur:
"Aufwachen, bitte lass mich aufwachen!"

Nach endlos langer Zeit hörten die Geräusche auf
und seine Mutter stand im Zimmer. Sie flüsterte mit der
Großmutter und diese verließ dann das Haus.
Mutter fing an eine Tasche zu packen.

Sie sagte zu Jules: "Nimm den kleinen Rucksack
und packe ein paar von deinen Sachen hinein.
Nicht viel, nur das Wichtigste." Jules war verwirrt.
Das Wichtigste? Wofür? Warum?
Woher sollte er wissen, was wichtig war, wenn er
nicht wusste, wohin es ging?

Er warf ein paar Sachen in den Rucksack und dann kam auch schon seine Großmutter zurück.
Sie flüsterte wieder mit der Mutter und gab ihr einen Umschlag.
Sie umarmten sich und Großmutter drückte auch Jules ganz fest an sich.

Vor dem Haus hupte es einmal kurz. Er und seine Mutter
stiegen in das Auto. Jules kannte den Fahrer nicht.
Sie fuhren zum Flughafen. Seine Mutter sagte zu ihm:
"Jules, sei jetzt einfach nur still. Wenn jemand dich
etwas fragt, lass mich antworten. Und frage mich jetzt nichts!"
Sie küsste ihn und drückte ihn fest an sich. Sie zitterte.

Jules fühlte sich wie in einem Traum. An das, was dann alles passierte, konnte er sich später nur undeutlich erinnern. Er merkte nur, dass die Männer seine Mutter mit einem anderen Namen ansprachen und dass die Passkontrolle ewig dauerte. Dann saßen sie im Flugzeug und seine Mutter weinte wieder

Irgendwann landete das Flugzeug. Auch dort waren
viele Männer in Uniform. Sie redeten auf seine Mutter ein,
in einer Sprache, die er nicht verstand.
Es wurde viel telefoniert und viele Zettel wurden ausgefüllt.

Irgendwann kam eine Frau, die mit seiner Mutter sprach,
und dann fuhren sie mit dem Auto in eine Art Hotel.
Dort gab es einen Raum mit vielen Betten, auch zwei
für seine Mutter und ihn. Doch seine Mutter legte sich
zu ihm ins Bett und streichelte ihn und hielt ihn ganz fest.
Er hörte, wie sie sagte, dass jetzt alles gut würde.
Doch in seinem Kopf flüsterte es die ganze Zeit nur: "Sei still, sei still ..."

Und Jules war still. Eine lange Zeit.

Jules lebt jetzt in einer großen Stadt.
Er wohnt mit seiner Familie, das ist nun er und seine Mutter,
in einem Haus mit vielen Wohnungen. Sie haben dort zwei Zimmer.
Es gibt noch eine Küche und ein Badezimmer. Eins der Zimmer gehört Jules.
Aber er schläft meistens bei seiner Mutter im Bett.

Morgens geht seine Mutter zur Arbeit. Sie arbeitet in einer Schneiderei.

Und Jules geht in die Schule.
Er versteht jetzt schon viel von dieser neuen Sprache.
In der Schule gibt es viele Kinder. Alle reden, lachen und spielen in der Pause zusammen auf dem Schulhof.
Jules redet mit niemandem und die Lehrerin hat schon ein paar Mal mit seiner Mutter über ihn gesprochen. Seine Mutter sagt jetzt immer: "Jules, rede mit den Kindern, sie können deine Freunde sein.
Sprich mit ihnen!"

Seit ein paar Wochen gibt es ein neues Kind in der Klasse: Kim.
Sie wohnt in dem Haus direkt an der Ecke. Kim lebt ganz alleine
mit ihrer Mutter in dem großen Haus. Kim redet mit niemandem.
Aber sie geht den gleichen Weg wie Jules. Und so laufen sie
jeden Tag nebeneinander zur Schule und wieder zurück, schweigend.

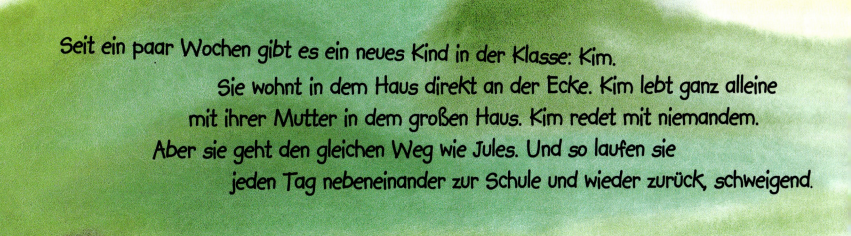

Heute ist es besonders heiß. Kurz vor der Ecke gibt es einen kleinen Park mit einem Springbrunnen. Kim und Jules gehen wie von selbst dorthin und legen sich auf die Wiese neben dem Brunnen.
Auf einmal sagt Kim: "Manchmal träume ich von meinem alten Haus, von meinem Vater und von meinen Freunden dort. Ich wünsche mir so, ich wäre wieder zu Hause!"
Und Jules merkt, wie die Stille in ihm zurückweicht, und er hört sich sagen: "Ich träume von einem Haus in einer großen Stadt. Dort lebt ein kleiner Junge mit Vater, Mutter, großem Bruder und den Großeltern. Der kleine Junge hat viele Freunde und wenn er groß ist, dann wird er ein berühmter Architekt. Sein Vater ist stolz auf ihn und seine ganze Familie kommt sich die neuen Häuser ansehen. Und …"

Jules fängt an zu weinen. Kim hält seine Hand ganz fest.

Als Jules nach Hause kommt, nimmt er seine Mutter in den Arm und sagt: "Kim ist meine Freundin."

Das Kinderbuch entstand im Rahmen der Ausstellung
„UNERWÜNSCHT ... eine Reise wie keine andere"

Das Gesamtprojekt wurde unterstützt durch:

Träger

Schirmherrschaft

Unterstützer

Mit Unterstützung der Europäischen Union GD VIII